AF229938

CAUSERIES

AVEC MES CONCITOYENS

DES VILLES ET DES CAMPAGNES

SUR

LES RÉVOLUTIONS

ET LES RÉVOLUTIONNAIRES

COMPIÈGNE

IMPRIMERIE J. DELHAYE, RUE DES LOMBARDS, 11.

1869

CAUSERIES

AVEC MES CONCITOYENS

DES VILLES ET DES CAMPAGNES

SUR

Les Révolutions et les Révolutionnaires

—

Celui qui va vous parler, mes chers concitoyens, est un homme qui a passé une bonne partie de sa vie à s'occuper de vous, de votre bien-être, de votre satisfaction et même de votre amusement. Je vous dis cela afin que vous sachiez tout d'abord que, de votre aveu même, je ne suis pas indigne de votre confiance, que je n'ai le dessein de vous exprimer que la vérité, et que mon désir sincère est de vous être utile. Non pas que, pour cela, j'aie l'espérance et la présomption de vous faire beaucoup de bien. Je ne suis pas au pouvoir, et quand j'y serais, avec la meilleure volonté du monde, je ne regarderais pas comme possible de faire que chacun fût content. Je ne suis pas non plus un homme de génie, ni même seulement un écrivain bien habile ; mais à tort ou à raison, j'ai la croyance que le bon Dieu a daigné m'accorder du moins un peu de bon sens, et que je ne suis pas incapable de donner quelques bons avis.

Si cette naïve déclaration vous paraissait mériter le reproche de vanité ou d'outrecuidance, je m'excuserais, d'abord, en disant que la faute en est un peu à vous, à cause de l'accueil que vous avez fait et de la confiance que vous avez accordée à mes premiers écrits. Et puis, j'ajouterais qu'en laissant mon nom dans l'obscurité, et ne vous parlant que derrière le rideau de l'anonyme, il me semble que je me tiens dans les limites d'une honnête modestie. — Ne fallait-il pas vous dire un peu ce que j'étais, afin d'obtenir de votre part une attention que vous n'accorderiez pas sans doute au premier venu? Précaution sage et prudente, dont je ne saurais que vous féliciter. On dit qu'il faut tourner sa langue sept fois avant de parler, cela est bien dit; mais on pourrait ajouter qu'il faut y regarder à quatorze fois, avant de tenir pour vrai et pour bon tout ce qu'on entend dire.

Il ne manque pas de gens, en effet, à qui le don de la parole et le talent d'écrire semble avoir été donné non pas pour exprimer, mais bien pour déguiser leur véritable pensée. Il n'en manque pas de ceux-là qui savent envelopper un grossier mensonge dans une jolie phrase bien tournée, une indigne tromperie dans des protestations de sincérité et de bon vouloir, un dangereux conseil dans des paroles d'affection, une ambition égoïste dans des assurances de désintéressement et de dévouement; marchands de belles dragées blanches et appétissantes, dont l'amande est amère et empoisonnée.

Vous avez cent fois raison, mes chers concitoyens, de vous défier de ces gens-là, et je ne saurais trop vous y exhorter. Quand ils vous disent *qu'ils veulent votre bien*, ils disent plus vrai qu'ils ne le croient, car cela signifie réellement qu'ils veulent vous dépouiller à leur profit. Ils savent parfaitement qu'en grattant une plaie, on l'envenime ; qu'en s'appesantissant sur une souffrance, on en augmente l'intensité ; qu'en parlant de ses maux, on les irrite ; qu'en appelant l'attention sur les différences inévitables qui existent entre les conditions diverses des individus, on fait sentir plus vivement le regret de n'avoir pas la meilleure part, et on ajoute à ce regret la torture abominable et odieuse de l'envie. Eh bien, ils font tout cela tantôt avec amertume ou avec violence, tantôt avec une apparence d'intérêt doux et hypocrite. Comment donc ! ils vont parfois jusqu'à feindre les accents de la charité évangélique, et à profaner audacieusement les mots les plus saints, les noms les plus sacrés, pour en couvrir leur intention criminelle de propager la haine, l'envie, toutes les mauvaises passions, tous les désordres qui en sont la suite, et qu'ils désirent dans l'intérêt de leur ambition ou de leur cupidité. S'ils parviennent ainsi à

exciter des mécontentements, de l'agitation, des
troubles, des révolutions, que leur importe que
vos travaux soient suspendus, que la puissance
et la richesse du pays soient compromises, que la
misère publique soit augmentée, que vos souffrances et vos privations particulières soient agravées?
Que leur importe et le pays et vous ? L'eau est
trouble, ils espèrent une bonne pêche ; c'est tout
ce qu'ils voulaient. S'ils ne réussissent pas, ils
recommenceront. Dieu me pardonne ! c'est un
exécrable métier qu'ils font là.

Eh bien, mes chers concitoyens, si vous voulez
me faire l'honneur d'entendre mes causeries, ce
sera pour moi une grande joie ; j'en serai heu-
reux et fier, car j'espère vous aider à arracher de
vilains masques, et à vous tenir en garde contre
l'hypocrisie des autres, et contre vos propres il-
lusions.

Nous examinerons successivement ensemble
les diverses questions qui peuvent le plus vous
intéresser, dans votre condition, dans votre in-
dustrie, dans vos travaux, dans vos droits de
citoyens, dans votre vie domestique, dans vos
rapports sociaux, dans l'éducation de vos enfants,
dans tout ce qui vous touche de plus près. Nous
aurons ainsi à parler de beaucoup de choses ;
nous le ferons simplement, gaîment, sans malice

pour les autres, sans trop de prévention pour nos propres intérêts, mais avec sincérité et justice. Et puis, nous n'en dirons pas trop à la fois, pour ne pas nous embrouiller ; nous ferons les morceaux petits, afin que, selon l'expression d'un médecin moraliste de mes amis, ils puissent être mâchés, avalés et digérés plus facilement.

Mais avant de commencer et de prendre un sujet particulier de causerie, je voudrais que vous me permissiez aujourd'hui de raisonner un peu sur quelques idées générales, et d'établir quelques principes auxquels vous verrez, par la suite, qu'il nous faudra toujours revenir.

Savez-vous, mes chers concitoyens, pourquoi on fait ou on essaie de faire des révolutions dans un pays ? C'est apparemment parce que tout le monde n'y est pas content. Si tout le monde était content, personne ne voudrait rien changer à rien, et toutes choses resteraient dans le même état. Mais de ce que tout le monde n'est pas content, s'ensuit-il qu'il faille sans cesse faire, ou essayer de faire, ou laisser faire de nouvelles révolutions? C'est ce que je ne pense pas, ni vous non plus très-certainement.

Croyez-vous qu'il y ait une révolution dont le résultat puisse être que chacun soit satisfait de son lot et de sa condition ?

Je crois, pour mon compte, qu'il est possible d'arriver à un état de choses où personne ne manque de ce qui est rigoureusement nécessaire pour vivre, excepté ceux qui ne voudraient rien faire pour obtenir ce nécessaire. Je pense que tous les honnêtes gens, tous les bons citoyens doivent réunir leurs efforts pour tendre vers ce but ; que les troubles et les agitations ne peuvent servir qu'à nous en éloigner ; mais que, même en le supposant atteint, ce ne serait pas encore une raison pour que tout le monde fût content.

Pour que tout le monde fût content, je ne connais que deux moyens ; deux moyens qui ne sont ni au pouvoir de ceux qui gouvernent, ni de ceux qui renversent les gouvernements, ni de ceux qui en instituent de nouveaux ; mais qui sont individuellement à la disposition libre et indépendante de quiconque a le bonheur de les comprendre et de vouloir y recourir. Ces deux moyens sont : la foi dans une vie meilleure, et la vertu dans celle-ci ; la Foi qui mène avec elle, d'une main la Charité, et de l'autre l'Espérance ; la vertu qui a pour cortège le courage, le travail, la persévérance, l'économie, la tempérance, les affections honnêtes et consolantes, le respect des autres et de soi-même, qui éteint toutes les mauvaises passions, qui arrête tous les mauvais penchants, qui donne le repos à la conscience et fait sentir à l'âme cette dignité qui l'égale à toutes les grandeurs devant lesquelles elle s'humilie volontairement.

Mais là où ne sont pas ces deux éléments de contentement intérieur, de force morale, de modération et de résignation au besoin, on peut porter le défi à toutes les théories qui ont la prétention de contenter tout le monde. Comment parviendront-elles à faire qu'il ne naisse pas des individus plus forts, plus beaux, plus courageux, plus intelligents, plus habiles, plus laborieux que d'autres ? Comment empêcheront-elles que le plus fort, ou le plus habile, ou le plus laborieux ne fasse plus et de meilleure besogne que le faible, ou le maladroit, ou le paresseux ? Comment empêcheront-elles que le courageux ne fasse peur au poltron, que l'homme intelligent ne domine celui qui ne l'est pas ? Comment empêcheront-elles que ces diversités de nature n'entraînent de promptes différences dans les résultats du travail, et par conséquent dans les conditions de la vie ? Et alors, comment empêcheront-elles que les moins bien partagés ne portent sur les autres un œil d'envie, et qu'ils ne soient mécontents ? Il faudrait pour cela obtenir que chacun consentît à marcher en baissant le nez au lieu de le tenir en l'air, afin de ne voir jamais que ce qui est en bas et non ce qui est plus haut que nous. Au contraire, nous avons une malheureuse tendance à regarder toujours ce qui est au-dessus de notre portée ; et il semble même que, pour le regarder, nous ayons devant les yeux de fâcheuses besicles, qui colorent magnifiquement et sans nous y laisser voir aucune tâche, tout ce que nous ne pouvons pas atteindre.

Et maintenant, s'il prend fantaisie à tous ces mécontents, spéculateurs imprudents, écrivains médiocres et pleins d'illusion sur leur mérite, médecins sans malades, avocats sans causes, cultivateurs inintelligents ou indolents, ouvriers maladroits ou paresseux, ou débauchés, hommes vicieux ou fainéants de toute condition, s'il leur prend fantaisie de tout bouleverser afin de recueillir et de partager le fruit du labeur des autres, est-ce que nous voudrons les y aider ? est-ce que nous voudrons les laisser faire ? Est-ce que nous serons assez insensés ou assez niais pour écouter leurs grands mots et pour croire à leurs belles promesses ?

C'est que, parmi ces gens qui ne sont bons à rien, qui ne sont propres à aucune besogne utile, et ne savent faire œuvre de leur cervelle ni de leurs bras, il en est qui ont la langue bien affilée et dorée. L'usage qu'ils en font ne donne pas grand'peine, et ne coûte guères à leur paresse ; mais ils pourrait en coûter gros à ceux dont les oreilles s'y laisseraient prendre, et aux esprits faciles à la tentation.

J'ai déjà vu, depuis que je suis au monde, un assez bon nombre de révolutions, et une quantité innombrable d'essais de révolution ou, en d'autres termes, d'émeutes plus ou moins graves. Je ne nierai pas qu'il n'y en ait eu de faciles avec une apparence, et même avec une réalité de raison. Ainsi, lorsque l'immense majorité de la population se voyait privée des droits les plus naturels à l'homme, presque entièrement exclue de la propriété, environnée d'obstacles et de difficultés pour obtenir justice, dépourvue de tous moyens d'instruction, sans défense sérieuse contre la volonté injuste ou le caprice oppresseur des grands et des puissants, condamnée à de rudes travaux dont le meilleur produit n'était jamais pour elle, blessée dans la dignité de son âme, froissée dans ses intérêts les plus légitimes, je comprends qu'on ait enfin senti la lassitude d'un pareil état, et le besoin d'en sortir, même violemment et au risque d'acheter un changement par bien des maux et des désastres.

Mais lorsque, après une succession de changements, de révolutions plus ou moins motivées par l'état des choses, on est parvenu à une situation telle, qu'il n'existe plus dans la société aucun privilège, que l'égalité de tous devant la loi est bien reconnue et parfaitement établie, que la liberté de chacun n'a d'autres limites que le respect pour la liberté et pour l'intérêt légitime d'autrui, que l'instruction est offerte à tous, que chacun, en remplissant des conditions qui sont à la portée de tous, peut participer, par le droit de suffrage, à la confection des lois et à la gestion des affaires du pays, qu'il n'y a véritablement plus rien de raisonnable à exiger et à conquérir, dans cet ordre de faits, alors, soyons de bonne foi, ceux qui veulent encore changer, bouleverser, révolutionner, ne sont pas honnêtes, ne sont pas sincères ; ils ont une arrière-pensée: Quelle est-elle ?

Cette arrière-pensée, mes chers concitoyens, je vais vous la dire, et vous la dévoiler, si déjà vous ne l'avez pénétrée vous-même. La pensée de ces révolutionnaires incorrigibles et obstinés, c'est de s'élever, c'est de s'enrichir, c'est d'arriver au pouvoir et à la célébrité, en se servant de vous comme d'un instrument, en se battant avec vos bras, en profitant de votre dévouement et de vos sacrifices, en se jouant de votre ruine et de vos souffrances, en vous trompant, en vous immolant à leur ambition égoïste, à leur cupidité effrontée.

Et savez-vous pourquoi, après une révolution ils veulent toujours en recommencer une autre ? Ils vous disent que c'est parce que vous n'avez pas obtenu tout ce que vous deviez obtenir ; ce n'est pas cela. Non, c'est que, eux-mêmes, ils n'ont pas pu saisir ce qu'ils convoitaient, ou, s'ils ont pu le saisir, ils ne l'ont gardé que quelques instants, et n'ont pas pu le conserver.

Et savez-vous pourquoi ils n'ont pas pu le converver ? C'est que, au milieu de l'agitation et de la tempête que soulève une révolution, il ne faut que de l'audace pour saisir quelque branche du pouvoir, pour s'asseoir effrontément sur quelque siége d'où l'on a renversé celui qui l'occupait. Mais quand les flots se calment, quand la fièvre tombe, quand la raison, le bon sens et la vérité reprennent leurs droits, chacun sent bien vite que, si l'audace suffit pour renverser et pour détruire, il faut autre chose pour relever, pour réparer l'édifice social, pour diriger le navire et le faire rentrer au port, pour rétablir la confiance et ramener la prospérité dans le pays. On reconnaît alors que les intrigants ont fini leur rôle, qu'il faut se hâter de recourir aux hommes honnêtes, sincères, capables et désintéressés ; et qu'à ceux-ci les autres doivent céder la place.

Voilà pourquoi le triomphe de l'ambition vulgaire est impuissant et si passager, voilà pourquoi la cupidité audacieuse n'a qu'un jour, qu'elle s'efforce au reste d'employer de son mieux ; voilà aussi pourquoi ces intrigants effrontés et médiocres veulent toujours recommencer, et s'efforcent de vous persuader que vous ne devez pas être satisfaits, parce qu'ils n'ont pas eux-mêmes ce qu'ils voulaient avoir, ou qu'ils ne l'ont pas pu garder.

Et voyez, mes chers concitoyens, si cela n'est pas bien vrai. Je ne veux écrire aucun nom, parce que je hais les personnalités ; mais n'avez vous pas entendu, parmi les hommes qui vous crient aujourd'hui que toutes nos libertés sont compromises, que la révolution est à refaire, et qui vous font pour cela un coupable et perfide appel, n'en avez-vous pas entendu, de ces mêmes hommes, vous féliciter et vous assurer que la conquête était complète, que vous aviez fondé la liberté et le bonheur du pays, que vous n'aviez plus qu'à rentrer dans le calme et à reprendre vos paisibles travaux ?

Ils vous disent cela dans leur ivresse d'exercer le pouvoir qu'ils s'étaient attribué eux-mêmes au premier moment. Aujourd'hui que ce pouvoir, dont ils étaient impuissants à faire

un bon et utile usage, a échappé à leurs mains,
ils vous disent tout le contraire, ils voudraient,
s'il était possible, vous agiter de nouveau, vous
arracher au travail qui fait vivre vos familles, vous
entraîner dans une cruelle déception, vous persuader en un mot de faire encore leurs propres
affaires, à votre préjudice et au préjudice de
tout le monde. Hélas ! oui, ceux qui cherchent
ainsi à vous tenter sont ou ceux qui ont manqué
leur coup, ou ceux qui n'ont pas su en profiter.
Eh ! bien, moi, je vous dis que cela est abominable et odieux.

Voyez, mes chers concitoyens, si ces hommes
là sont vos amis, et ont quelque souci de votre bonheur. Ce n'est pas assez pour eux de
vous arracher, par le mensonge, par des flatte-
ries trompeuses, par de fausses promesses, à
vos travaux, à vos devoirs, à vos affections ;
s'ils pensent que leur intérêt l'exige, ils vous
entraîneront jusqu'au crime, ils vous enivreront
de haine et d'erreur pour vous jeter dans la fé-
rocité et la barbarie ; et puis ils vous livreront
sans pitié aux châtiments de la justice sociale
dont le jour ne tarde pas à luire, et à la ven-
geance divine à laquelle aucun coupable ne peut
espérer de se soustraire. Ne voyez-vous pas
comment chaque jour ils s'efforcent de vous
préparer à devenir ainsi les instruments de

leurs passions ? Ne voyez-vous pas comme ils cherchent à pervertir votre esprit et votre cœur ?

Sans doute, et c'est un bonheur de le reconnaître, la dernière révolution qui s'est opérée, en 1848, a été accompagnée de sagesse et de modération. Mais n'ayez pas la simplicité d'en faire honneur aux hommes dont je parle. Voulez-vous savoir pourquoi cette révolution a été sage et modérée ? C'est que, entre ces hommes et vous, au moment de la crise, se sont jetés, avec courage et dévouement, d'autres hommes honnêtes et désintéressés, et que vous, vous avez eu assez de raison, de bon sens et de perspicacité pour les reconnaître, pour les distinguer au milieu des ambitieux et des intrigants, pour prêter l'oreille à leur parole puissante par son éloquence et par sa sincérité, et pour suivre le glorieux drapeau qu'ils vous montraient, de préférence à l'étendard sanglant qui s'agitait furieux et menaçant dans la main des autres.

Voilà pourquoi la révolution de 1848 a été sage et modérée. L'honneur, mes chers concitoyens, en est à vous, et aux hommes de bien, aux hommes courageux et dévoués qui se sont interposés à temps entre vous et ceux qui voulaient vous tromper et vous égarer.

Mais bientôt après, qu'est-il arrivé ? qu'avons-nous vu ? Ces derniers, désespérés d'avoir une fois manqué leur coup, n'ont-ils pas voulu recommencer la partie ? N'ont-ils pas jeté le jeu qu'ils avaient accepté, pour chercher à en prendre un autre ? N'ont-ils pas fait tous leurs efforts pour vous entraîner dans leur révolte contre ce qu'ils avaient eux-mêmes proclamé ? N'ont-ils pas allumé une effroyable guerre civile ? Et qu'ont-ils fait des insensés qui ont eu la folie et le malheur de les suivre dans cette funeste tentative ? De tous ils ont fait des victimes ; de quelques-uns ils ont fait des assassins. Ils se sont servi de leurs bras pour tuer lâchement six généraux illustres et un vénérable prélat qui venait, la croix dans une main et le rameau de paix dans l'autre, conjurer, du haut de la barricade, cette guerre fratricide. — Oh ! oui, oui, ces hommes là sont les mêmes que nos pères ont vu inspirer et diriger tant de crimes, tant d'horreurs, tant de malheurs qui ont souillé notre première république. Ce sont les mêmes que nos pères ont vu dresser en permanence les échafauds, organiser les massacres, porter les têtes de femme au bout des piques, confisquer les propriété des citoyens et décréter l'abolition de Dieu. Le mal qu'ils n'ont pas fait de nos jours, c'est qu'ils n'ont pas pu le faire. C'est que grâces à Dieu, ils ont

rencontré devant eux des hommes honnêtes, in-
trépides, à la parole puissante, à la forte intel-
ligence, et un peuple plus éclairé, plus raisonnable, mieux instruit, et plus chrétien dans le
cœur.

Puissent-ils être découragés en présence de
tels obstacles ! mais il ne faut pas s'y fier, et je
vous engage, mes chers concitoyens, à être toujours en garde contre leurs séductions. Il en est
parmi eux, j'aime à le croire, qui peuvent être
de bonne foi dans leur redoutable erreur, et
qui sont eux-mêmes trompés et entraînés par
les fausses doctrines de ceux qui agissent sciem-
ment, et de ceux qui savent ce qu'ils veulent et
ce qu'ils font. Ceux-ci sont les perfides, ceux-là
ne sont que des fous ; mais il faut se garer éga-
lement des uns et des autres.

Voilà, mes chers concitoyens, ce que je voulais
vous dire ; voilà ma pensée sur les révolutions en
général.

E. S***

Compiègne. — Imprimerie J. Delhaye.